Impressum
Verlag: BABADADA GmbH, Nedderfeld 112 , 22529 Hamburg
Geschäftsführer / Verlagsleitung: Harald Hof
Druck: Books on Demand GmbH, In de Tarpen 42, 22848 Norderstedt

Imprint
Publisher: BABADADA GmbH, Nedderfeld 112 , 22529 Hamburg, Germany
Managing Director / Publishing direction: Harald Hof
Print: Books on Demand GmbH, In de Tarpen 42, 22848 Norderstedt

scol
école

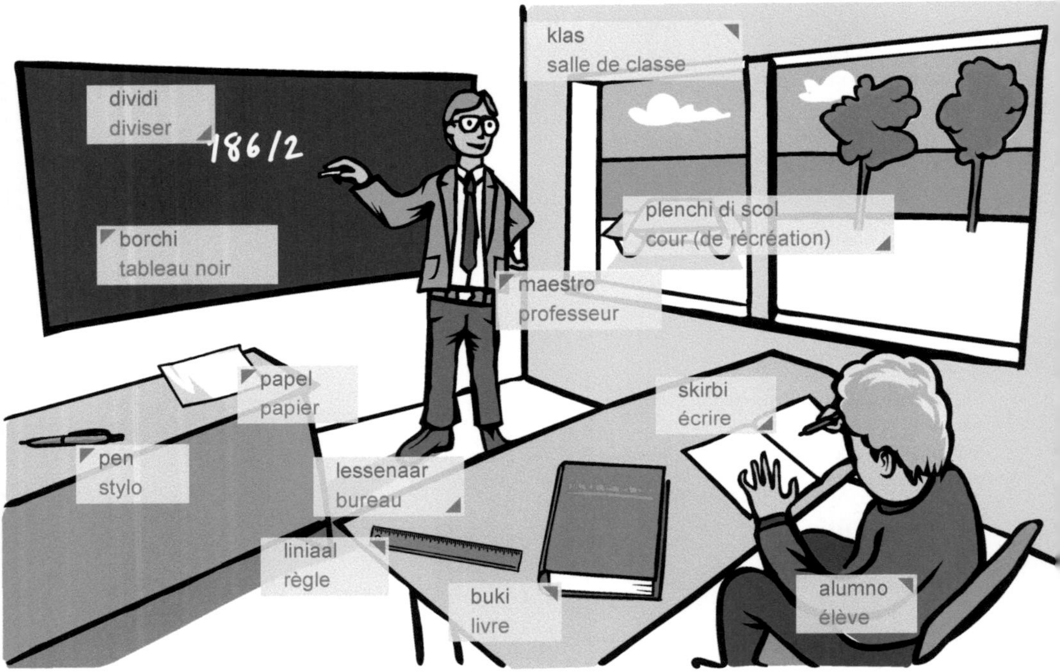
klas
salle de classe
dividi
diviser
186/2
borchi
tableau noir
plenchi di scol
cour (de récréation)
maestro
professeur
papel
papier
skirbi
écrire
pen
stylo
lessenaar
bureau
liniaal
règle
buki
livre
alumno
élève

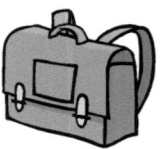

tas di scol

cartable

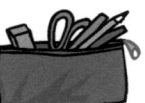

etui

trousse

potlood

crayon

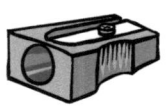

slijper

taille-crayon

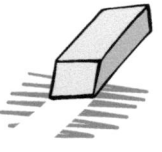

gum

gomme

buki di pinta

carnet à dessin

pintura

dessin

cuashi

pinceau

caha di verf

boîte de peinture

sker

ciseaux

lijm

colle

schrift

cahier d'exercices

huiswerk

devoirs

number

chiffre

suma

additionner

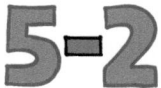

kita

soustraire

multiplica

multiplier

conta

calculer

letter

lettre

alfabet

alphabet

palabra

mot

texto
texte

lesa
lire

krijt
craie

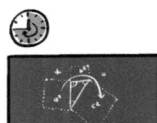

les
leçon

klassenboek
livre de classe

examen
examen

diploma
certificat

uniform di scol
uniforme scolaire

estudio
formation

enciclopedia
lexique

universidad
université

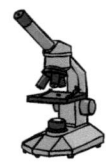

microscop
microscope

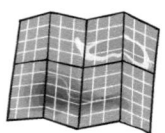

mapa
carte

bari di sushi
corbeille à papier

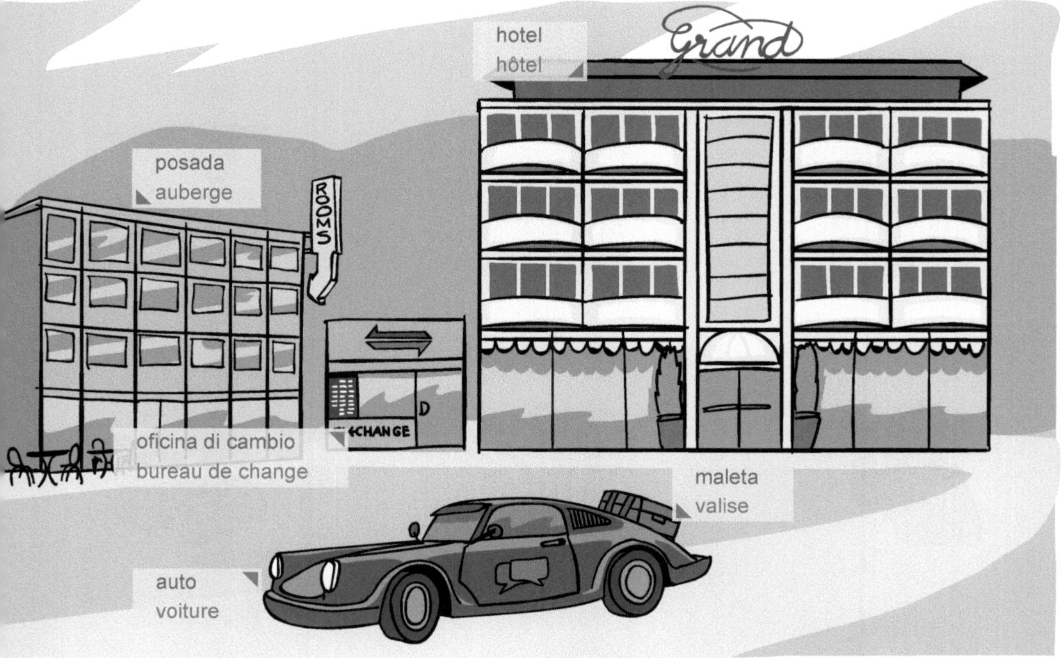

hotel
hôtel
Grand
posada
auberge
ROOMS
oficina di cambio
bureau de change
CHANGE
maleta
valise
auto
voiture

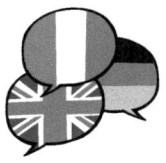

idioma
langue

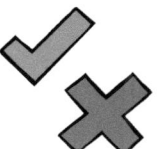

si / no
oui / non

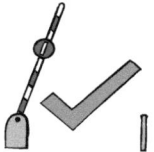

bon
d'accord

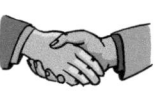

hallo
Salut

tolk
interprète

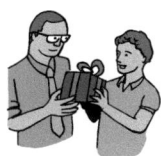

masha danki
merci

Cuanto esaki ta costa?

Combien coûte...?

Mi no ta compronde

Je ne comprends pas

problema

problème

bon nochi

Bonsoir !

Bon dia!

Bonjour !

Bon nochi!

Bonne nuit !

ayo

Au revoir

direccion

direction

maleta

bagages

handbag

sac

rugtas

sac-à-dos

huesped

hôte

camber

pièce

slaapzak

sac de couchage

tent

tente

informacion pa turista

office de tourisme

lama

plage

credit card

carte de crédit

desayuno

petit-déjeuner

cuminda di merdia

déjeuner

cuminda di anochi

dîner

carchi

billet

cabe'i boto

ascenseur

stampia

timbre

grens

frontière

duana

douane

embahada

ambassade

visa

visa

paspoort

passeport

transport

transport

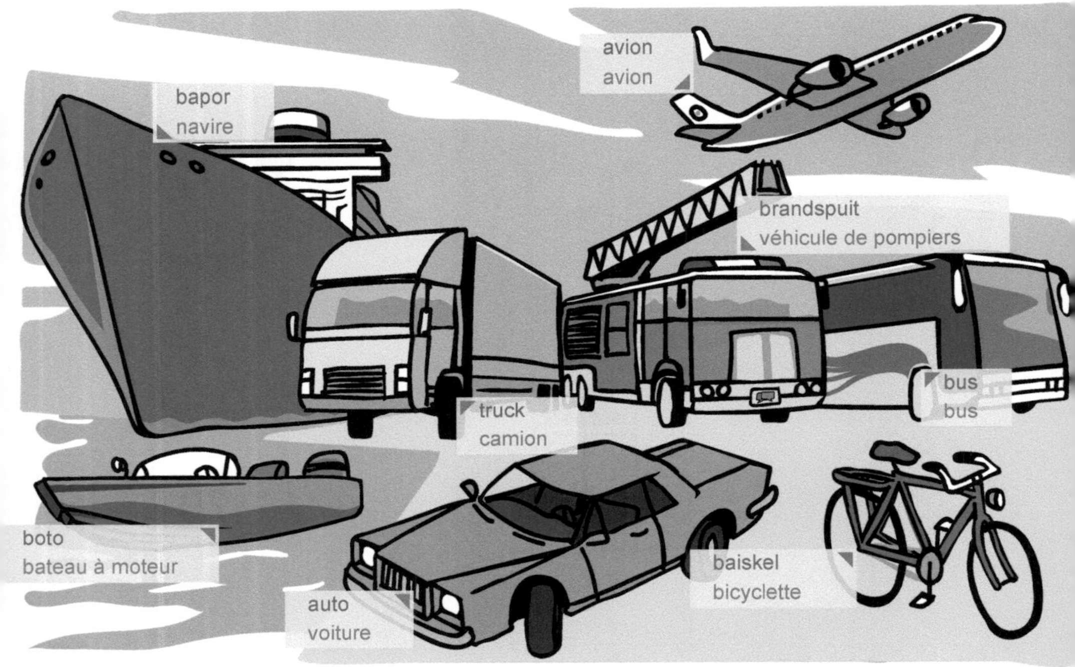
avion
avion
bapor
navire
brandspuit
véhicule de pompiers
bus
bus
truck
camion
boto
bateau à moteur
baiskel
bicyclette
auto
voiture

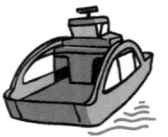

ferry
ferry

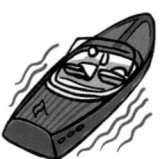

boto
barque

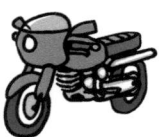

brommer
moto

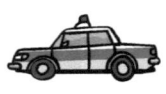

auto di polis
voiture de police

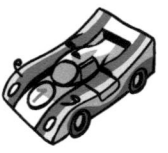

auto di careda
voiture de course

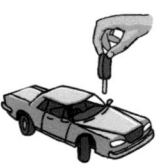

auto di huur
voiture de location

car sharing

auto-partage

takelwagen

voiture de remorquage

dump truck

benne à ordures

motor

moteur

gasolin

essence

pomp di gasolin

station d'essence

borchi di trafico

panneau indicateur

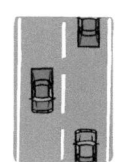

trafico

trafic

fila

embouteillage

parkeerplaats

parking

stacion di trein

gare

riel

rails

trein

train

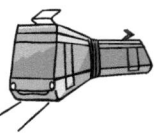

tram

tramway

wagon

wagon

helicopter

hélicoptère

aeropuerto

aéroport

toren

tour

pasahero

passager

container

conteneur

caha di carton

carton

garoshi

chariot

macutu

corbeille

lanta / baha

décoller / atterrir

ciudad

ville

pueblo

village

centro di ciudad

centre-ville

cas

maison

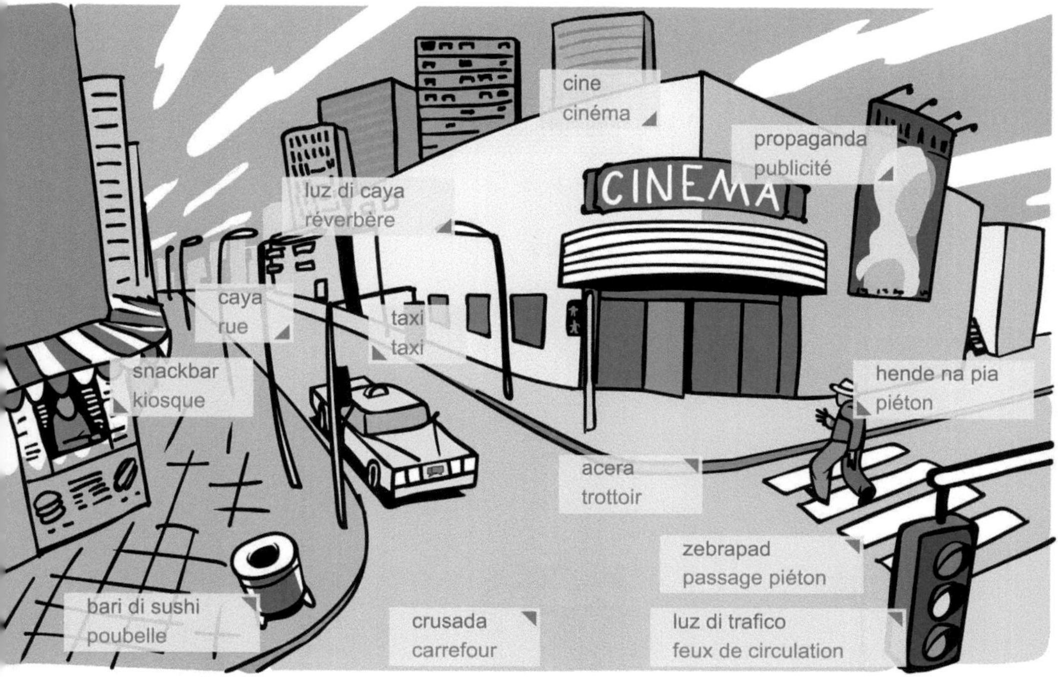
cine
cinéma
propaganda
publicité
CINEMA
luz di caya
réverbère
caya
rue
taxi
taxi
snackbar
kiosque
hende na pia
piéton
acera
trottoir
zebrapad
passage piéton
bari di sushi
poubelle
crusada
carrefour
luz di trafico
feux de circulation

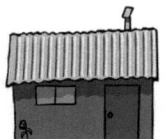

hut

cabane

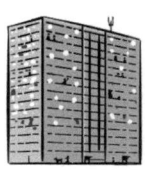

flat

appartement

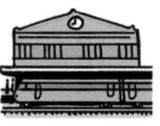

stacion di trein

gare

stadhuis

mairie

MUSEUM

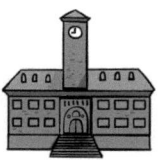

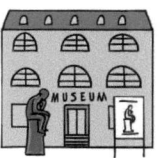

museo

musée

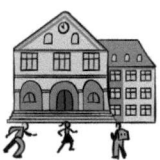

scol

école

universidad

université

banco

banque

hospital

hôpital

hotel

hôtel

botica

pharmacie

oficina

bureau

boekhandel

librairie

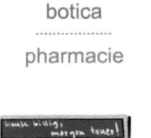

tienda

magasin

floresteria

fleuriste

supermarket

supermarché

mercado

marché

department store

grand magasin

bendedo di pisca

poissonnerie

shopping center

centre commercial

haf

port

park

parc

banki

banque

brug

pont

trapi

escaliers

metro

métro

tunnel

tunnel

parada di bus

arrêt de bus

bar

bar

restaurant

restaurant

postbox

boîte à lettres

borchi di nomber di caya

panneau indicateur

parkeermeter

parcmètre

parke di bestia

zoo

piscina

piscine

moskee

mosquée

cunucu
ferme

polucion
pollution

santana
cimetière

misa
église

speelplaats
aire de jeux

tempel
temple

paisahe
paysage

blachi
feuille

borchi di direccion
panneau indicateur

caminda
chemin

sabana
pré

piedra
pierre

keirodo
randonneur

palo
arbre

riu
rivière

yerba
herbe

flor
fleur

vallei

vallée

sero

montagne

lago

lac

mondi

forêt

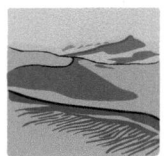

desierto

désert

volcan

volcan

kasteel

château

arco iris

arc-en-ciel

paddenstoel

champignon

palma

palmier

sangura

moustique

musca

mouche

vruminga

fourmis

bij

abeille

haraña

araignée

tor

coléoptère

dori

grenouille

eekhoorn

écureuil

porcospina

hérisson

coneu

lièvre

shoco

chouette

parha

oiseau

zwaan

cygne

porco di mondi

sanglier

bina

cerf

eland

élan

dam

barrage

molina di biento

éolienne

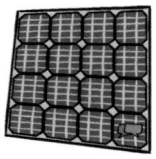

panel solar

panneau solaire

clima

climat

waiter
serveur

menu
menu

stoel
chaise

sopi
soupe

pizza
pizza

bestek
couverts

paña di mesa
nappe

aperitivo

hors d'œuvre

cuminda principal

plat principal

dessert

dessert

bebida

boissons

cuminda

alimentation

boter

bouteille

fastfood

fast-food

streetfood

plats à emporter

canica di te

théière

pochi di sucu

sucrier

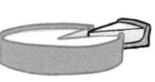

porcion

portion

espressomachine

machine à expresso

stoel di mucha

chaise haute

cuenta

facture

hasechi

plateau

cuchiu

couteau

forki

fourchette

cuchara

cuillère

telep

cuillère à thé

napkin

serviette

glas

verre

tayo

assiette

tayo di sopi

assiette à soupe

scoter

soucoupe

saus

sauce

pochi di salo

salière

mulina di peper

moulin à poivre

binager

vinaigre

azeta

huile

specerij

épices

ketchup

ketchup

mosterd

moutarde

mayonaise

mayonnaise

supermarket

supermarché

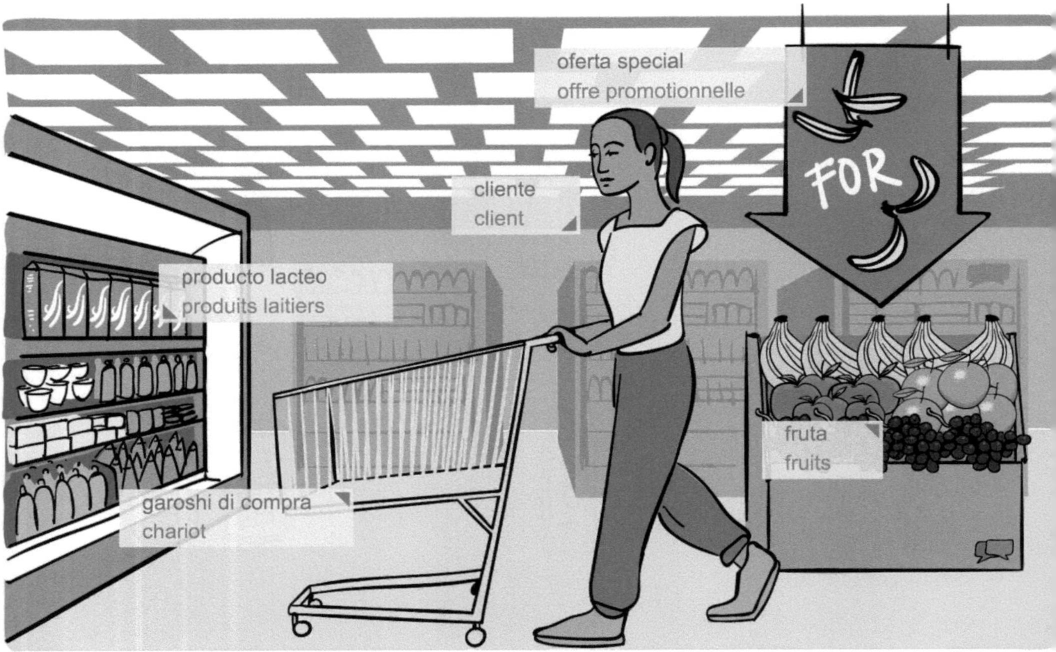

oferta special
offre promotionnelle
FOR
cliente
client
producto lacteo
produits laitiers
fruta
fruits
garoshi di compra
chariot

BUTCHERS

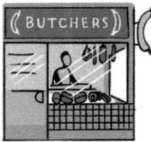

carniceria

boucherie

BAKERY

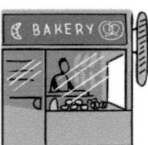

panaderia

boulangerie

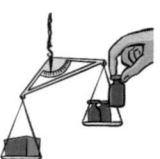

pisa

peser

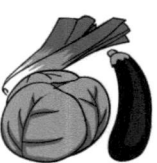

berdura

légumes

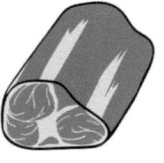

carni

viande

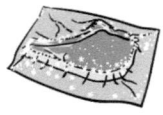

frozen food

aliments surgelés

beleg di carni

charcuterie

cuminda di bleki

conserves

detergente na puiro

poudre à lessive

mangel

bonbons

producto pa cas

articles ménagers

articulo di limpiesa

détergents

bendedo

vendeuse

cahero

caisse

cahero

caissier

lista di compra

liste d'achats

orario

heures d'ouverture

cartera

portefeuille

credit card

carte de crédit

tas

sac

saco di plastic

sac en plastique

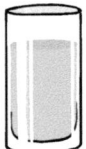

awa

eau

juice

jus de fruit

lechi

lait

cola

coca

biña

vin

cerbes

bière

alcohol

alcool

chocomel

chocolat chaud

te

thé

koffie

café

espresso

expresso

cappuccino

cappuccino

bacoba

banane

appel

pomme

apelsina

orange

milon

melon

lamunchi

citron

wortel

carotte

conoflok

ail

bambu

bambou

siboyo

oignon

mushroom

champignon

noot

noisettes

pasta

pâtes

spaghetti

spaghetti

aros

riz

salada

salade

batata hasa

pommes frites

batata hasa

pommes de terre rôties

pizza

pizza

hamburger

hamburger

sandwich

sandwich

cutlet

escalope

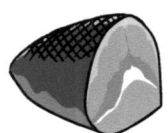

ham

jambon

salami

salami

soseishi

saucisse

galiña

poulet

hasa

rôti

pisca

poisson

papa

flocons d'avoine

müsli

muesli

cornflakes

cornflakes

hariña

farine

croissant

croissant

pan rondo

petits-pains

pan

pain

toast

pain grillé

cuki

biscuits

manteca

beurre

kwark

le fromage blanc

bolo

gâteau

webo

œuf

webo hasa

œuf au plat

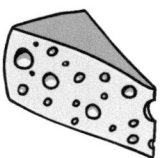

keshi

fromage

ijscream

glace

sucu

sucre

honing

miel

jam

confiture

pasta di chuculati

crème nougat

curry

curry

cunucu
ferme

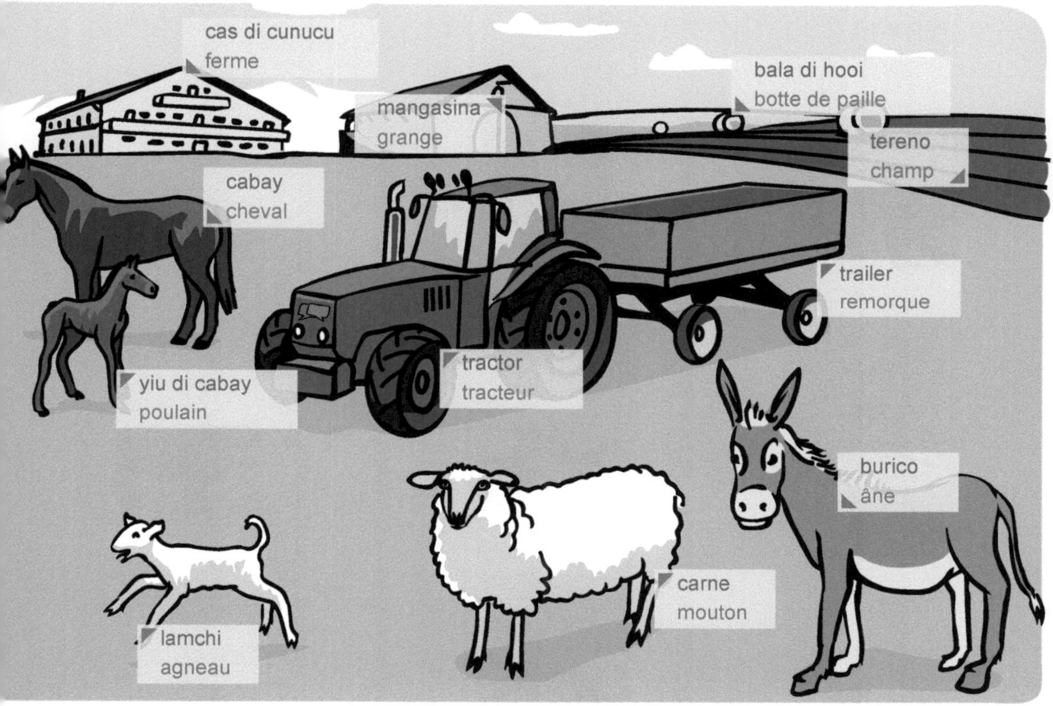
cas di cunucu
ferme
mangasina
grange
bala di hooi
botte de paille
tereno
champ
cabay
cheval
trailer
remorque
tractor
tracteur
yiu di cabay
poulain
burico
âne
carne
mouton
lamchi
agneau

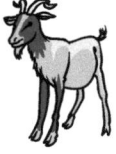

cabrito
chèvre

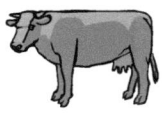

baca
vache

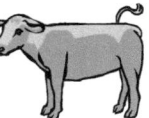

bishe
veau

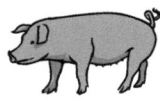

porco
porc

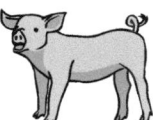

yiu di porco
porcelet

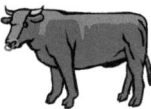

toro
taureau

gans
oie

pato
canard

puyito
poussin

galiña
poule

gay
coq

djaca
rat

pushi
chat

raton
souris

toro
bœuf

cacho
chien

cas di cacho
chenil

slang pa muha mata
tuyau de jardin

gieter
arrosoir

herment pa corta yerbe
faucheuse

ploeg
charrue

garabati

faucille

chapi

pioche

forki pa coy hooi

fourche

hacha

hache

garetia

brouette

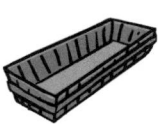

pesebre

cuve

canica di lechi

pot à lait

saco

sac

heki

clôture

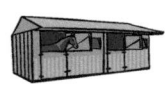

stal

étable

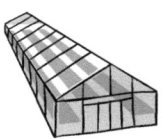

greenhouse

serre

suela

sol

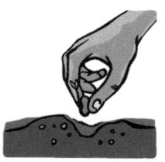

simia

semences

mest

engrais

mashin di cosecha

moissonneuse-batteuse

cosecha

récolter

cosecha

récolte

yams

igname

trigo

blé

soya

soja

batata

pomme de terre

maishi

maïs

canola

colza

palo di fruta

arbre fruitier

yuca

manioc

grano

céréales

cas
maison

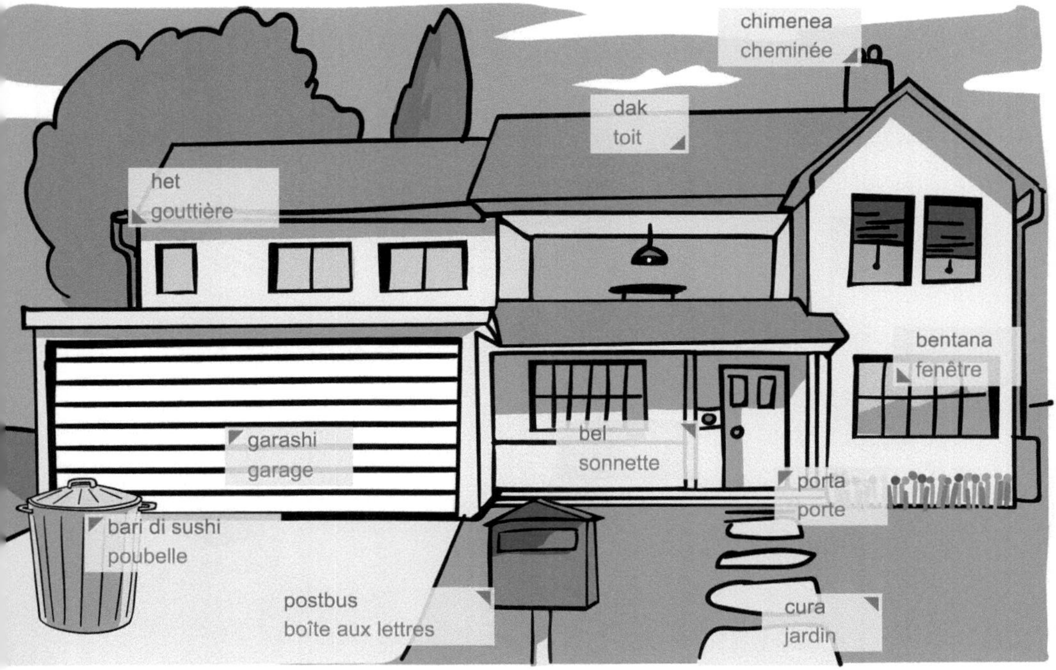
chimenea
cheminée
dak
toit
het
gouttière
bentana
fenêtre
garashi
garage
bel
sonnette
porta
porte
bari di sushi
poubelle
postbus
boîte aux lettres
cura
jardin

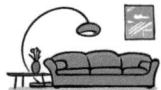

sala

salon

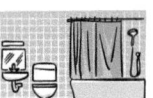

baño

salle de bain

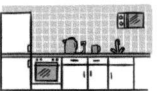

cushina

cuisine

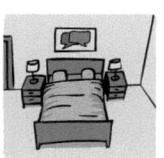

camber

chambre à coucher

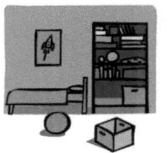

camber di mucha

chambre d'enfant

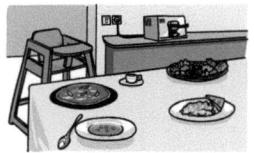

comedo

salle à manger

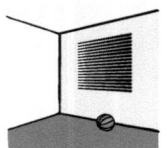

suela

sol

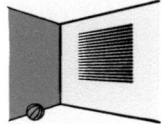

muraya

mur

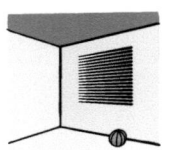

blafon

plafond

bodega

cave

sauna

sauna

balcon

balcon

terasa

terrasse

piscina

piscine

mashin di corta yerba

tondeuse à gazon

laken

housse

bedsprei

couette

cama

lit

basora

balai

hemchi

sceau

switch

interrupteur

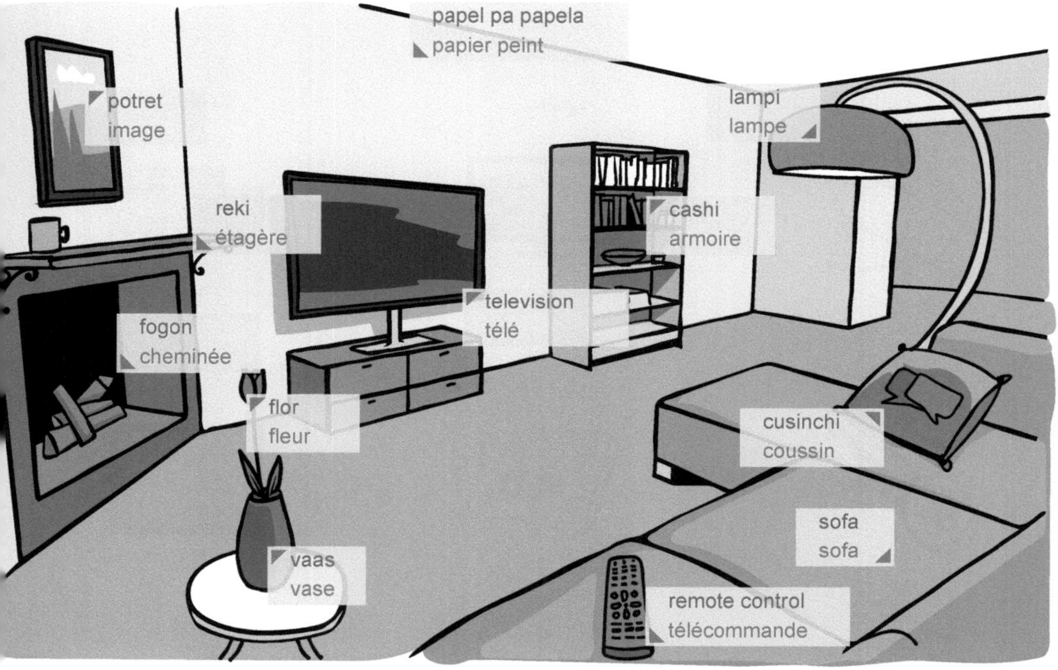

papel pa papela
papier peint

potret
image

lampi
lampe

reki
étagère

cashi
armoire

television
télé

fogon
cheminée

flor
fleur

cusinchi
coussin

sofa
sofa

vaas
vase

remote control
télécommande

tapijt
tapis

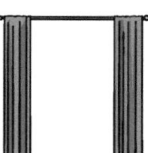

cortina
rideau

mesa
table

stoel
chaise

stoel di zoya
chaise à bascule

stoel
fauteuil

buki

livre

dekel

couverture

decoracion

décoration

palo pa kima

bois de chauffage

film

film

stereoset

chaîne hi-fi

yabi

clé

corant

journal

cuadra

peinture

poster

poster

radio

radio

blocnote

bloc-notes

stofzuiger

aspirateur

cadushi

cactus

bela

bougie

cushina
cuisine

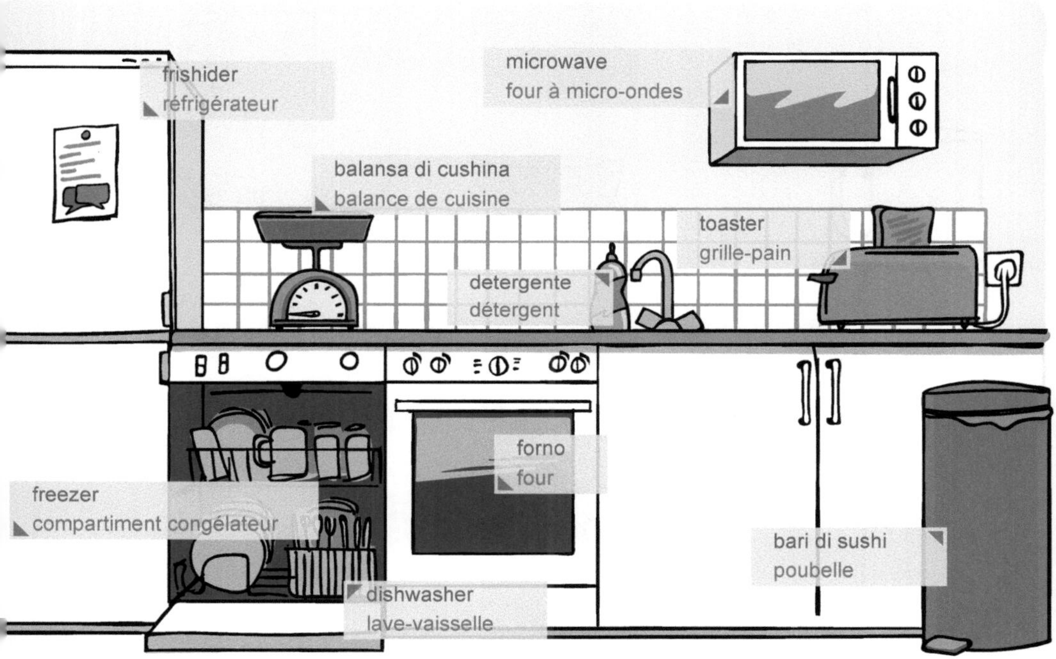
frishider
réfrigérateur
microwave
four à micro-ondes
balansa di cushina
balance de cuisine
toaster
grille-pain
detergente
détergent
forno
four
freezer
compartiment congélateur
bari di sushi
poubelle
dishwasher
lave-vaisselle

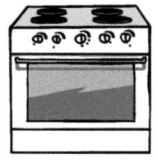

stoof
four

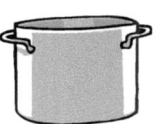

wea
casserole

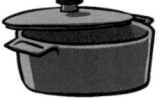

wea di hero
marmite

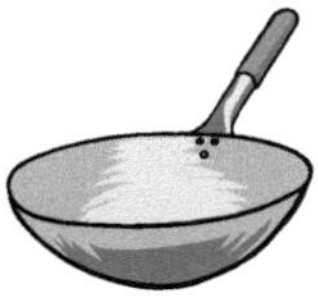

wok
wok / kadai

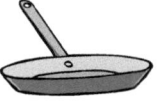

planchi
poêle

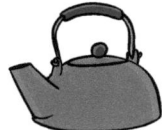

ketel
bouilloire electrique

steamer

cuiseur vapeur

teblachi pa horna

plaque de cuisson

servies

vaisselle

beker

gobelet

conchi

coupe

chopstick

baguettes

cuchara di sopi

louche

spatula

spatule

garde

fouet

scurido

passoire

colado

tamis

raspa

râpe

fenso

mortier

barbecue

barbecue

candela

cheminée

cushina - cuisine

planki pa corta

planche à découper

rostok

rouleau à pâtisserie

kurkentrek

tire-bouchon

bleki

boîte

cos di habri bleki

ouvre-boîte

pannenlap

maniques

wasbak

lavabo

skeiro

brosse

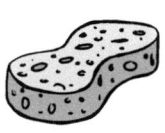

spons

éponge

blender

mixeur

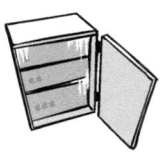

freezer

congélateur

tetero

biberon

cranchi

robinet

cushina - cuisine

baño

salle de bain

verwarming
chauffage
serbete
serviette
douche
douche
cortina di douche
rideau de douche
baño di scuma
bain moussant
badkuip
baignoire
glas
verre
wasmashin
machine à laver
cranchi
robinet
mosaik
carrelage
pot
pot
wasbak
lavabo

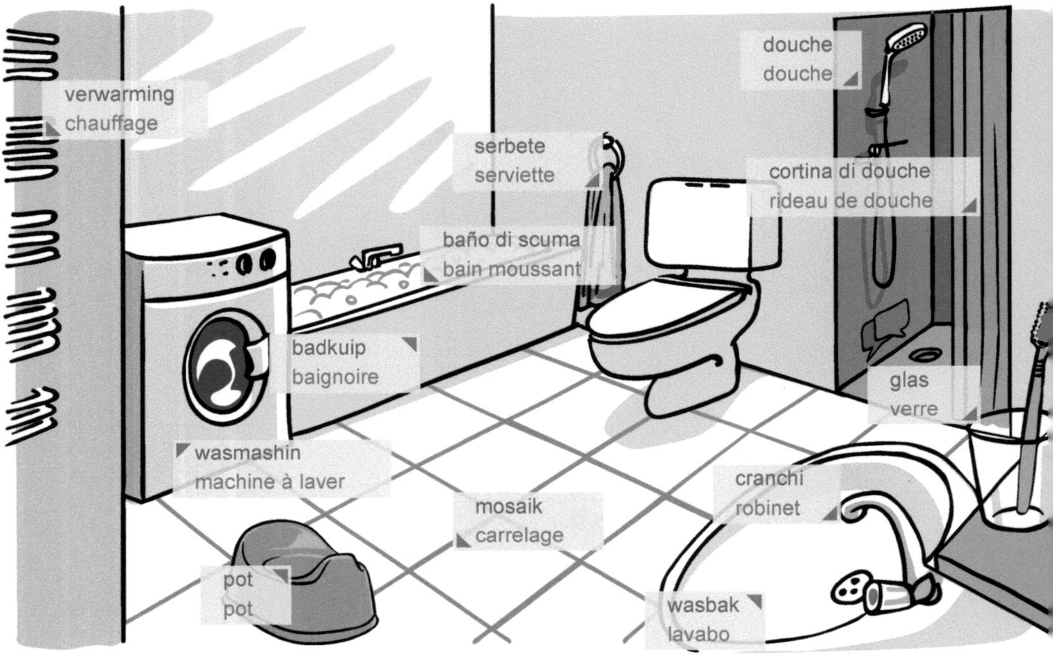

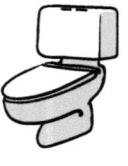

tualet

toilettes

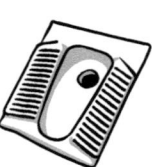

hurktoilet

toilette à la turque

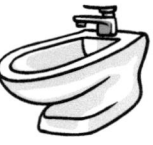

bidet

bidet

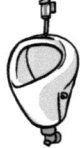

urinal

urinoir

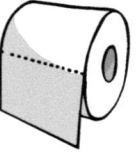

papel di w.c.

papier toilette

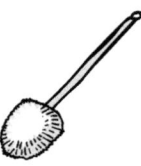

skeiro di w.c.

brosse à toilette

skeiro di djente

brosse à dents

pasta di djente

dentifrice

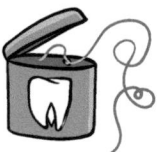

dental floss

fil dentaire

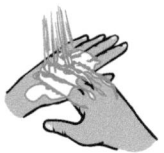

laba

laver

douche di man

douche manuelle

bidet

douche intime

tobo

vasque

skeiro

brosse dorsale

habon

savon

shower gel

gel douche

shampoo

shampooing

washandje

gant de toilette

drain

écoulement

crema

crème

desodorante

déodorant

spiel

miroir

spiel di man

miroir cosmétique

blet

rasoir

shaving foam

mousse à raser

aftershave

après-rasage

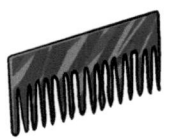

peña

peigne

skeiro

brosse

blower

sèche-cheveux

spray pa cabey

laque pour cheveux

makeup

fond de teint

lipstick

rouge à lèvres

cos di pinta huña

vernis à ongles

catuna

ouate

sker pa corta huña

coupe-ongles

perfume

parfum

tas
....
trousse de toilette

kruk
....
tabouret

balansa
....
pèse-personne

bata
....
peignoir

handschoen
....
gants de nettoyage

tampon
....
tampon

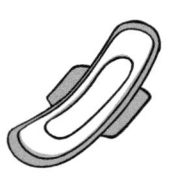

kotex
....
serviettes hygiéniques

wc kimico
....
toilette chimique

camber di mucha
chambre d'enfant

wekker
réveil
peluche
doudou
auto di hunga
voiture jouet
maraca
hochet
cas di popchi
maison de poupée
regalo
cadeau

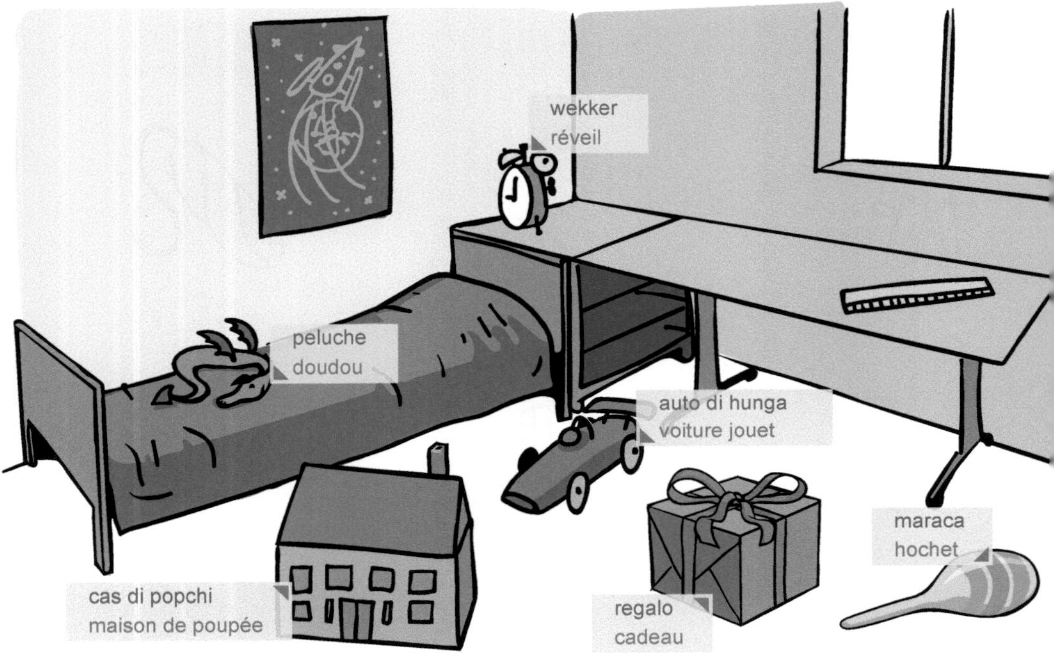

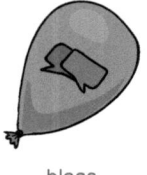

blaas

ballon

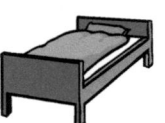

cama

lit

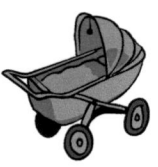

stroller

poussette

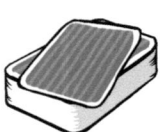

baraha di carta

jeu de cartes

puzzel

puzzle

SUPER
MEGA

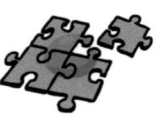

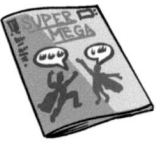

comic

bande dessinée

lego

pièces lego

bloki di hunga

blocs de construction

figura di accion

figurine

romper

grenouillère

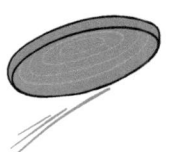

frisbee

frisbee

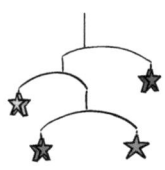

mobil

mobile

wega di mesa

jeu de société

dou

dé

set di trein

train miniature

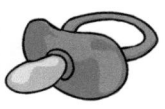

chupon

sucette

fiesta

fête

buki di prenchi

livre d'images

bala

balle

popchi

poupée

hunga

jouer

zandbak

bac à sable

zoya

balançoire

cos di hunga

jouets

videogame

console de jeu

tricycle

tricycle

beer

ours en peluche

cashi di paña

armoire

paña

vêtements

mea

chaussettes

mea

bas

pantyhose

collant

sjaal
écharpe

faha
ceinture

paraplu
parapluie

T-shirt
t-shirt

boots
bottes

slof
pantoufles

keds
baskets

sandalia
....
sandales

sapato
....
chaussures

laars di rubber
....
bottes de caoutchouc

carsonsio
....
sous-vêtements

bh
....
soutien-gorge

flanel
....
maillot de corps

body
body

carson
pantalon

jeans
jean

saya
jupe

blusa
chemisier

camisa
chemise

sweater
pull

sweater
sweat à capuche

blazer
veste

jacket
veste

jas
manteau

regenjas
imperméable

flus
costume

shimis
robe

shimis di bruid
robe de mariée

flus
costume

yapon
chemise de nuit

pidjama
pyjama

sari
sari

lenso di cabes
foulard

turban
turban

burqa
burqa

kaftan
caftan

abaya
abaya

zwempak
maillot de bain

zwembroek
maillot de bain

carson cortico
short

trainingspak
tenue d'entraînement

lantera
tablier

handschoen
gants

boton
bouton

bril
lunettes

armband
bracelet

cadena
collier

renchi
bague

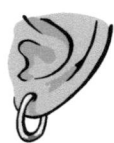

renchi di horea
boucle d'oreille

pechi
bonnet

kapstok
cintre

sombre
chapeau

dashi
cravate

ziper
fermeture éclair

helm
casque

guiel
bretelles

uniform di scol
uniforme scolaire

uniform
uniforme

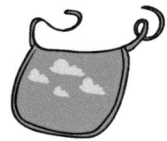

babado

bavoir

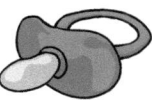

chupon

sucette

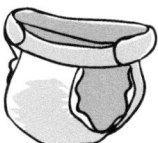

bruki

lange

oficina
bureau

server
serveur
filekast
armoire d'archivage
printer
imprimante
papel
papier
pantaya
écran
mouse
souris
lessenaar
bureau
map
classeur
keyboard
clavier
bari di sushi
corbeille à papier
stoel
chaise
computer
ordinateur

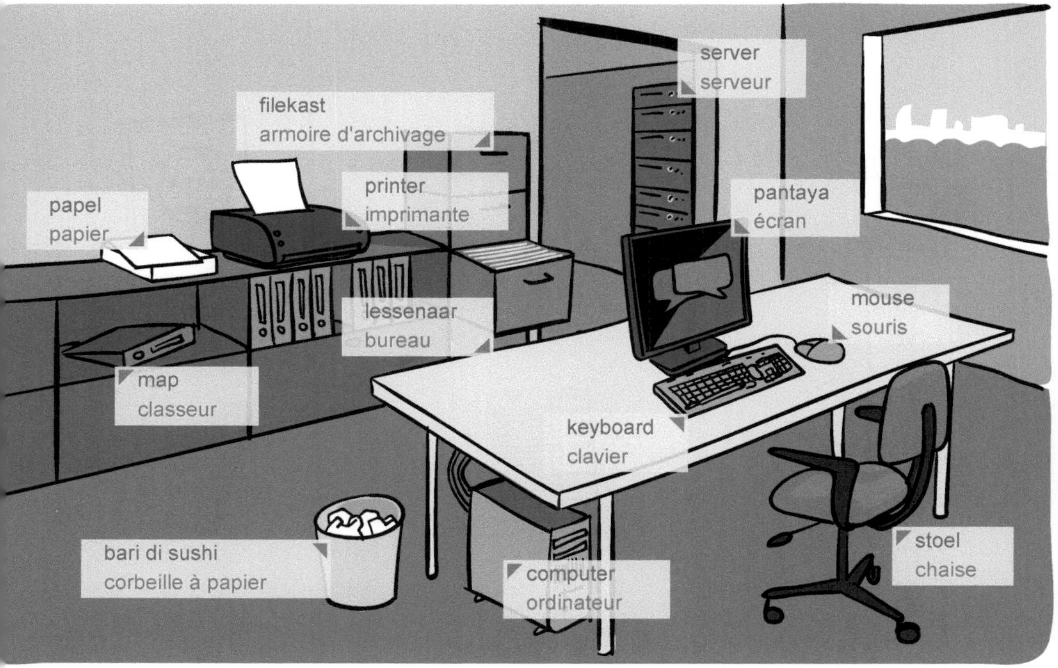

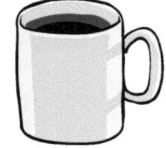

copi pa bebe koffie

tasse de café

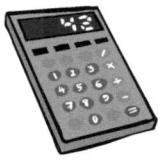

calculator

calculatrice

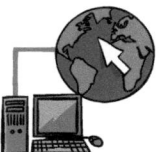

internet

internet

laptop

ordinateur portable

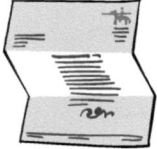

carta

lettre

mensahe

message

celular

portable

red

réseau

mashin di copia

photocopieuse

software

logiciel

telefon

téléphone

stopcontact

prise

fax mashin

fax

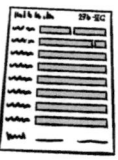

formulario

formulaire

documento

document

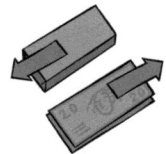

cumpra

acheter

paga

payer

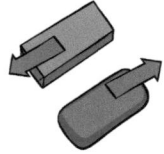

negosha

faire du commerce

placa

monnaie

dollar

dollar

euro

euro

yen

yen

roebel

rouble

frank suiso

franc suisse

yuan renminbi

renminbi yuan

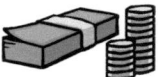

roepi

roupie

bancomatico

distributeur automatique

oficina di cambio

bureau de change

oro

or

plata

argent

azeta

pétrole

energia

énergie

prijs

prix

contract

contrat

impuesto

taxe

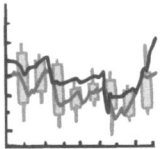

share

action

traha

travailler

empleado

employé

dunado di trabou

employeur

fabrica

usine

tienda

magasin

agente policial
agent de police

bombero
pompier

coki
cuisinier

dokter
médecin

piloto
pilote

hardinero
jardinier

carpinte
menuisier

cosedo
couturière

hues
juge

kimico
chimiste

actor
acteur

chauffeur di bus

conducteur de bus

chauffeur di taxi

chauffeur de taxi

piscado

pêcheur

hende cu ta haci cas limpi

femme de ménage

drechado di dak

couvreur

waiter

serveur

jaagdo

chasseur

verfdo

peintre

panadero

boulanger

electricista

électricien

trahado den construccion

ouvrier

ingeniero

ingénieur

carnicero

boucher

loodgieter

plombier

partido di carta

facteur

solda

soldat

arkitecto

architecte

cahero

caissier

florista

fleuriste

pelukero / pelukera

coiffeur

controlado di ticket

contrôleur

mecanico

mécanicien

capitan

capitaine

dentista

dentiste

cientifico

scientifique

rabbi

rabbin

imam

imam

monk

moine

pastor

prêtre

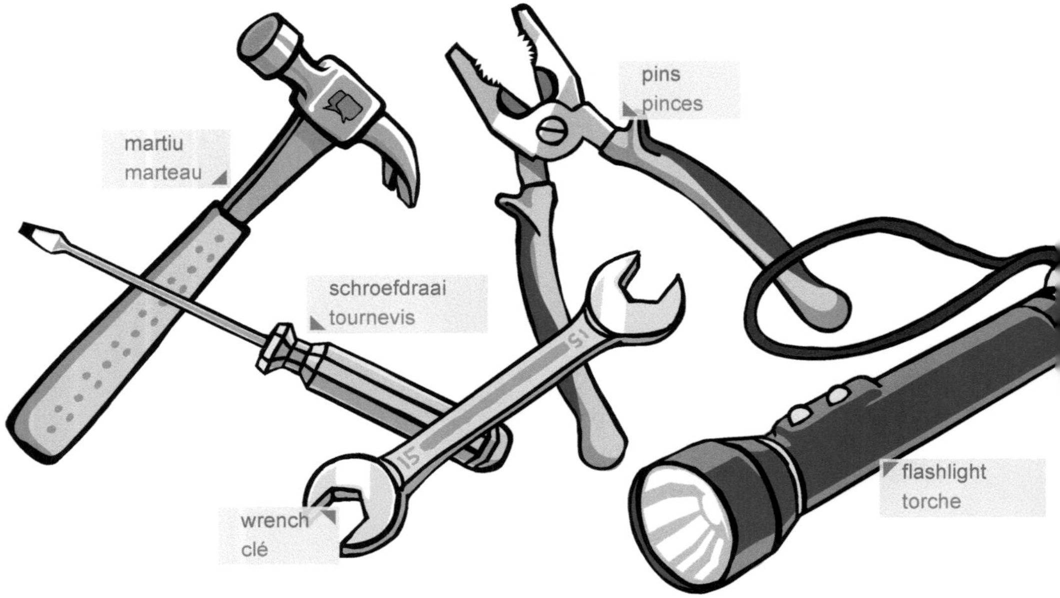

martiu
marteau

pins
pinces

schroefdraai
tournevis

wrench
clé

flashlight
torche

bulldozer
pelleteuse

caha di herment
boîte à outils

trapi
échelle

zaag
scie

clabo
clous

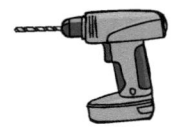

boormashin
perceuse

drecha

réparer

shobel

pelle

caraho!

Mince !

scop

pelle

bleki di verf

pot de peinture

schroef

vis

instrumento musical
instruments de musique

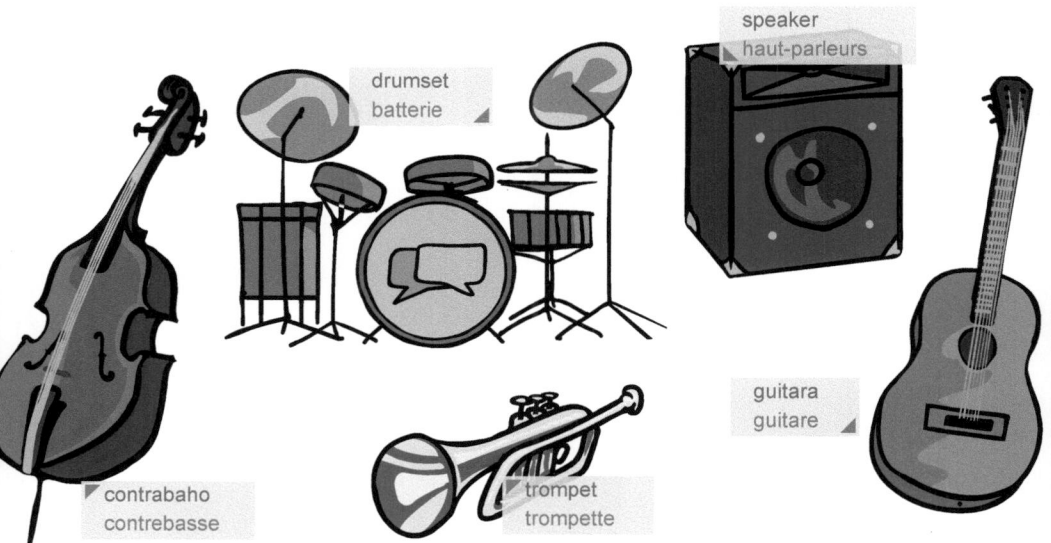

speaker
haut-parleurs

drumset
batterie

guitara
guitare

contrabaho
contrebasse

trompet
trompette

piano
piano

fio
violon

baho
basse

timbal
timbales

tambu
tambour

keyboard
piano électrique

saxofon
saxophone

fluit
flûte

microfon
microphone

parke di bestia

zoo

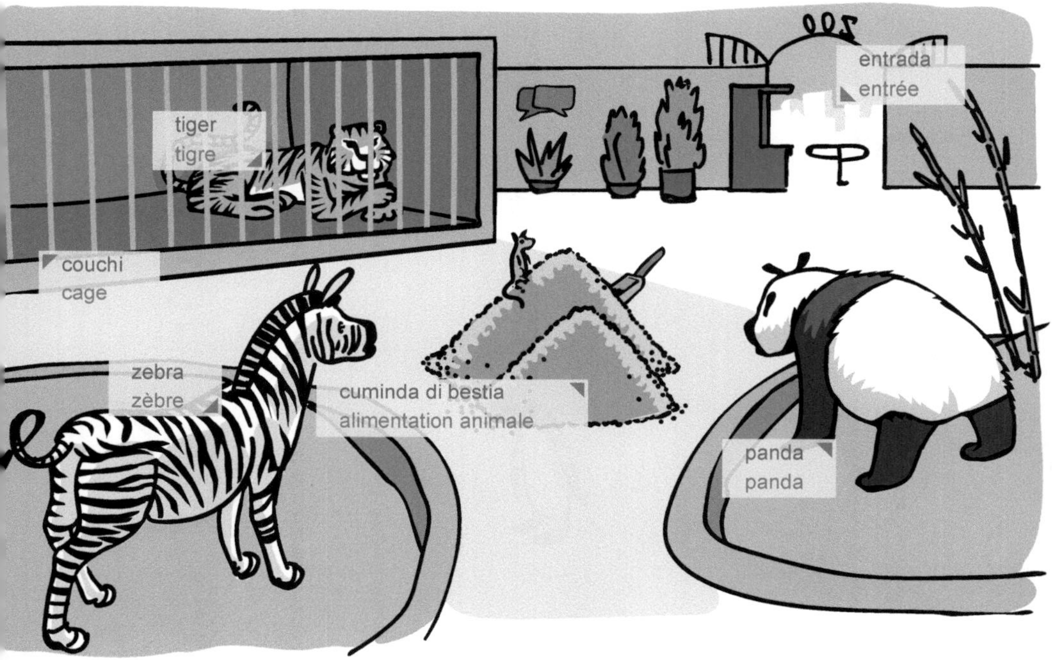

tiger
tigre
entrada
entrée
couchi
cage
zebra
zèbre
cuminda di bestia
alimentation animale
panda
panda

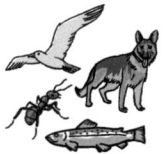

animal
animaux

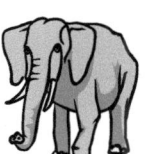

olifante
éléphant

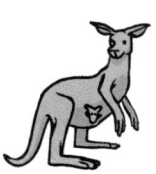

cangaru
kangourou

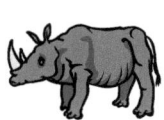

neushoorn
rhinocéros

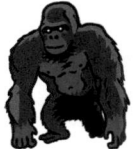

gorila
gorille

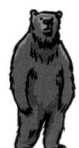

beer
ours

camel

chameau

avestruz

autruche

leon

lion

macaco

singe

flamingo

flamand rose

lora

perroquet

beer polar

ours polaire

pinguin

pingouin

tribon

requin

pauwies

paon

colebra

serpent

caiman

crocodile

cuidado di bestia

gardien de zoo

cacho di awa

phoque

jaguar

jaguar

pony
poney

leopardo
léopard

hipopotamo
hippopotame

giraf
girafe

aguila
aigle

porco di mondi
sanglier

pisca
poisson

turtuga
tortue

walrus
morse

vos
renard

gazelle
gazelle

futbol Americano
american Football

ciclismo
cyclisme

tennis
tennis

basketball
basket-ball

landamento
natation

boxeo
boxe

ice hockey
hockey sur glace

| futbol | badminton | atletismo |
| football | badminton | athlétisme |

| handbal | ski | polo |
| handball | ski | polo |

actividad
activités

bula
sauter
brasa
embrasser
hari
rire
cana
marcher
canta
chanter
soña
rêver
resa
prier
sunchi
faire la bise

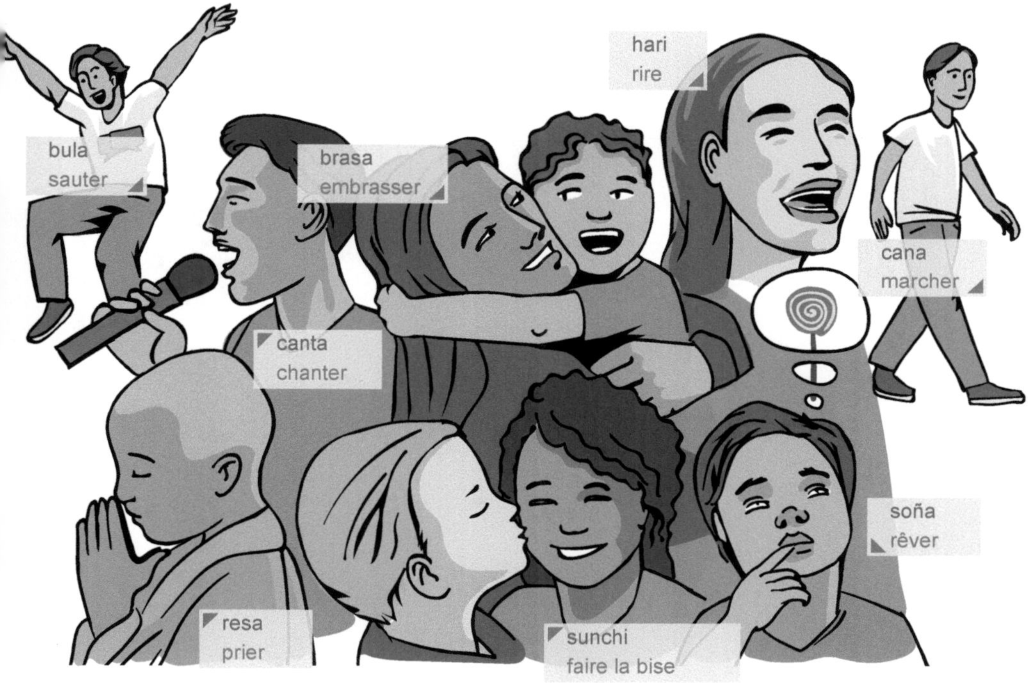

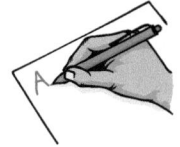

skirbi
écrire

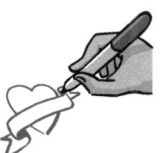

pinta
dessiner

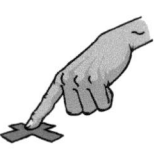

mustra
montrer

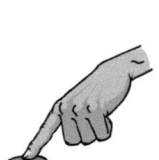

primi
pousser

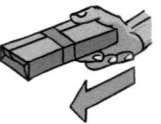

duna
donner

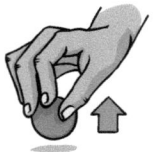

coy
prendre

tin

avoir

haci

faire

ta

être

para

être debout

core

courir

ranca

trier

tira

jeter

cay

tomber

drumi

être couché

warda

attendre

carga

porter

sinta

être assis

bisti

s'habiller

drumi

dormir

lanta fo'i soño

se réveiller

mira

regarder

yora

pleurer

caricia

caresser

peña

peigner

papia

parler

compronde

comprendre

puntra

demander

scucha

écouter

bebe

boire

come

manger

ruim op

ranger

stima

aimer

cushna

cuire

bai

conduire

bula

voler

zeilo

faire de la voile

conta

calculer

lesa

lire

siña

apprendre

traha

travailler

casa

se marier

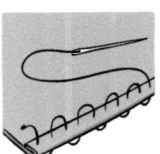

cose

coudre

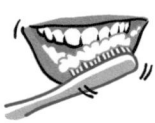

skeiro djente

brosser les dents

mata

tuer

huma

fumer

manda

envoyer

famia
famille

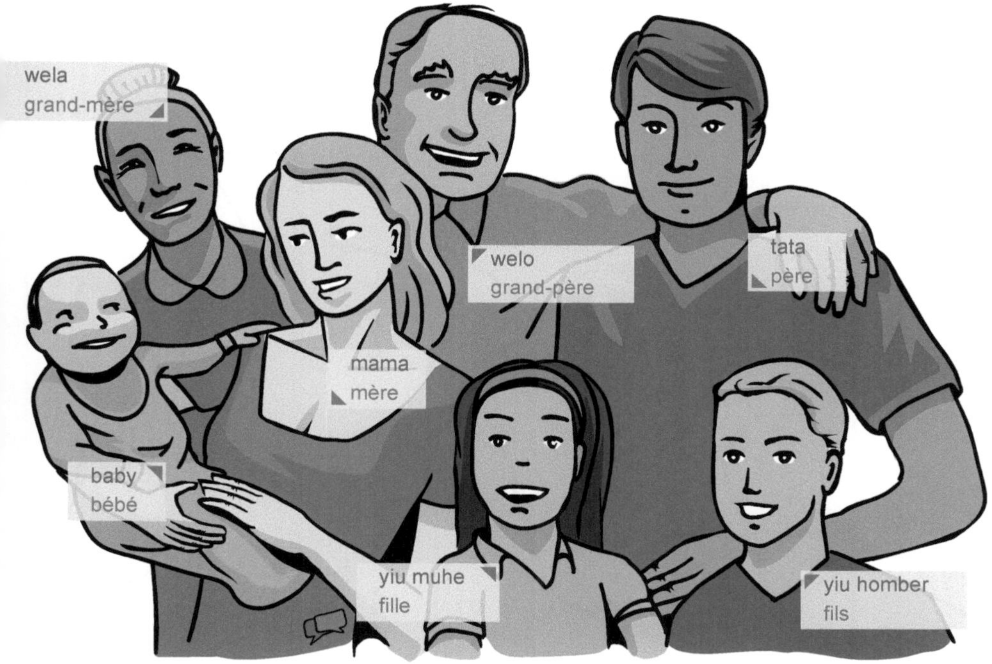
wela
grand-mère
welo
grand-père
tata
père
mama
mère
baby
bébé
yiu muhe
fille
yiu homber
fils

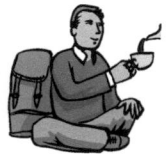

huesped

hôte

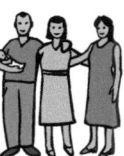

tanta

tante

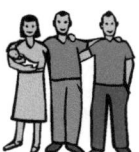

omo

oncle

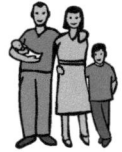

ruman homber

frère

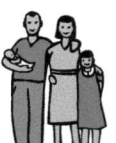

ruman muhe

sœur

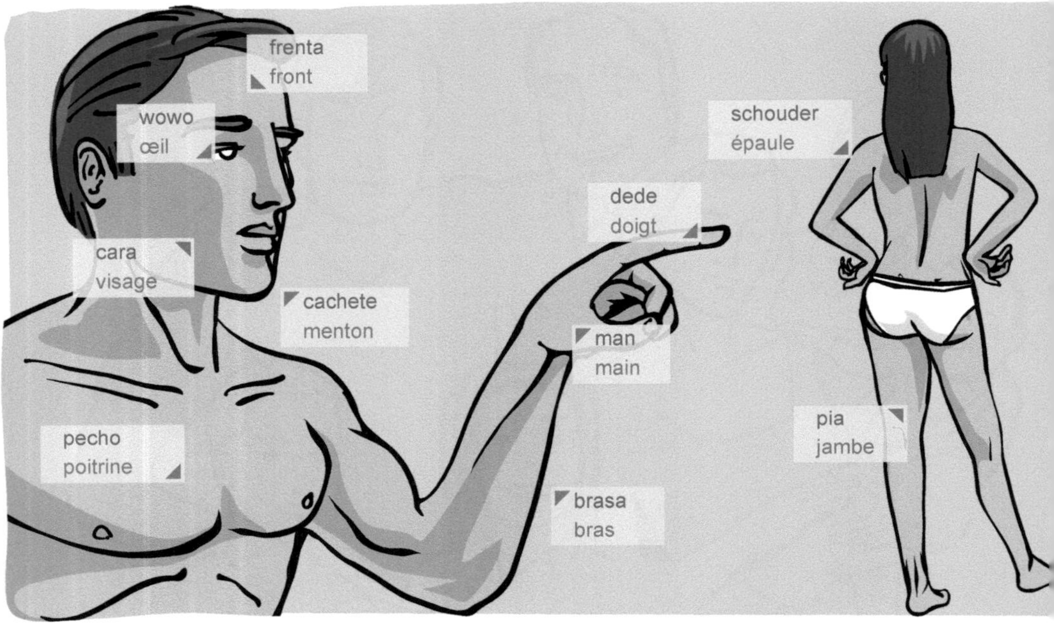

frenta
front

wowo
œil

schouder
épaule

dede
doigt

cara
visage

cachete
menton

man
main

pia
jambe

pecho
poitrine

brasa
bras

baby

bébé

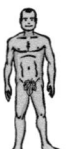

homber

homme

muhe

femme

mucha muhe

fille

mucha homber

garçon

cabes

tête

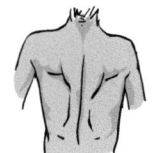

lomba

dos

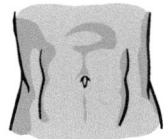

bariga

ventre

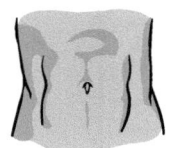

lombrishi

nombril

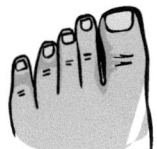

dede di pia

orteil

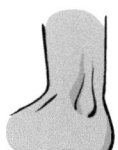

hilchi

talon

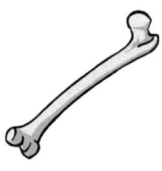

weso

os

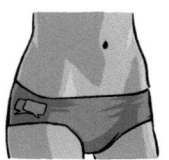

heup

hanche

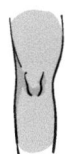

rudia

genou

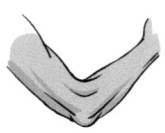

elleboog

coude

nanishi

nez

chanchan

fesses

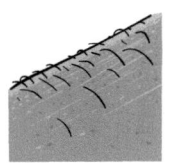

cuero

peau

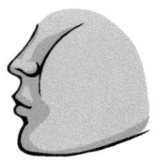

wang

joue

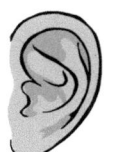

horea

oreille

lip

lèvre

boca

bouche

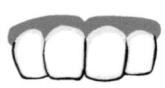

djente

dent

lenga

langue

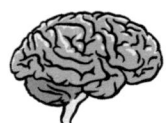

celebro

cerveau

curason

cœur

musculo

muscle

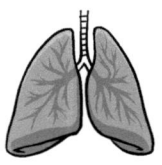

pulmon

poumons

higra

foie

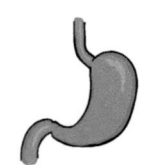

stoma

estomac

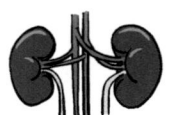

nier

reins

sex

rapport sexuel

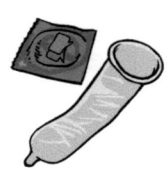

condon

préservatif

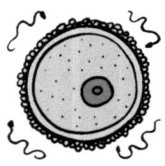

ovulo

ovule

sperma

sperme

embaraso

grossesse

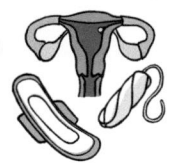

menstruacion
menstruation

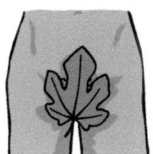

vagina
vagin

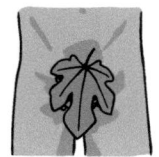

penis
pénis

wenkbrauw
sourcil

cabey
cheveux

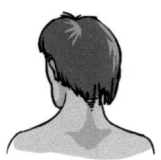

nek
cou

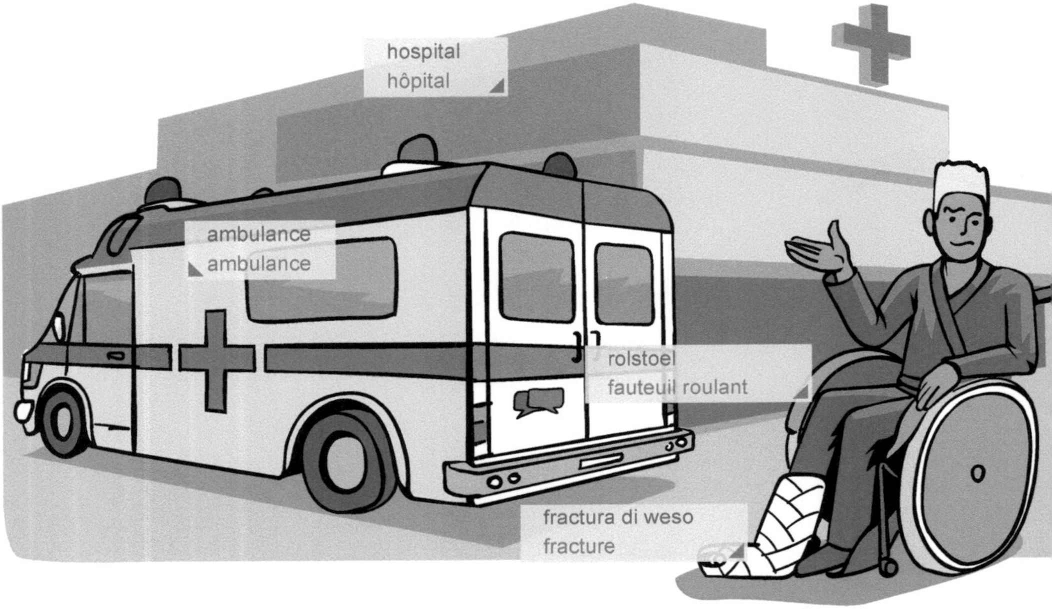

hospital
hôpital

ambulance
ambulance

rolstoel
fauteuil roulant

fractura di weso
fracture

dokter
médecin

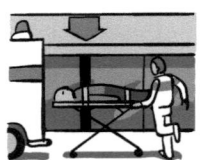

EHBO (prome
asistencia/eerste hulp)
service des urgences

nurse
infirmière

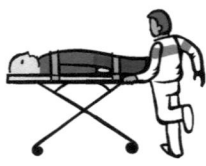

caso di emergencia
urgence

fo'i tino
inconscient

dolor
douleur

lesion

blessure

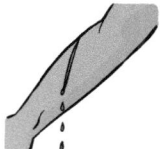

sangramento

hémorragie

ataca di curason

crise cardiaque

ataca celebral

attaque cérébrale

alergia

allergie

tosa

toux

keintura

fièvre

griep

grippe

diarea

diarrhée

dolor di cabes

mal de tête

cancer

cancer

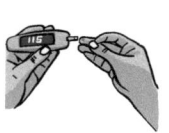

diabetes

diabète

ciruhano

chirurgien

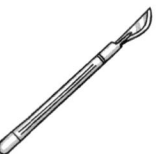

scalpel

scalpel

operacion

opération

CT

CT

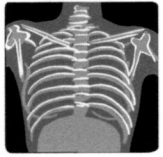

x-ray

radiographie

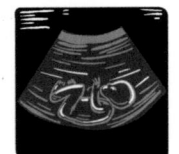

echo

échographie

masker contra stof

masque

malesa

maladie

sala di espera

salle d'attente

kruk

béquille

pleister

pansement

verband

pansement

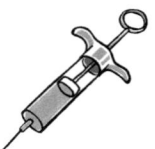

inyeccion

injection

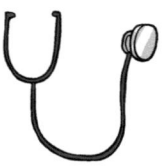

stetoscop

stéthoscope

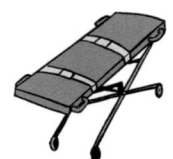

brancard

brancard

thermometer

thermomètre

nacemento

accouchement

sobrepeso

surcharge pondérale

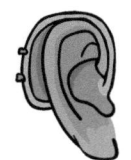

aparato pa oido

appareil auditif

desinfectante

désinfectant

infeccion

infection

virus

virus

HIV / AIDS

VIH / sida

remedi

médicament

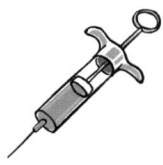

vacuna

vaccination

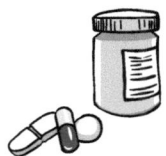

pilder

comprimés

pilder

pilule

yamada di emergencia

appel d'urgence

aparato pa midi presion

tensiomètre

malo / saludabel

malade / sain

auxilio!

Au secours !

alarma

alarme

atraco

assaut

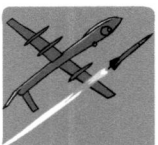

atake

attaque

peliger

danger

salida di emergencia

sortie de secours

candela

Au feu!

brandspuit

extincteur

desgracia

accident

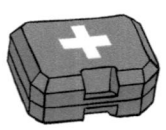

caha di prome asistencia

trousse de premier secours

SOS

SOS

polis

police

Europa

Europe

Noord America

Amérique du Nord

Sur America

Amérique du Sud

Africa

Afrique

Asia

Asie

Australia

Australie

Oceano Atlantico

Océan atlantique

Oceano Pacifico

Océan pacifique

Oceano Indio

Océan indien

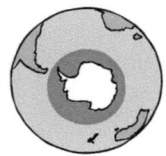

Oceano Antartico

Océan antarctique

Oceano Artico

Océan arctique

Noordpool

pôle nord

Zuidpool

pôle sud

Antartica

Antarctique

mundo

terre

tera

pays

lama

mer

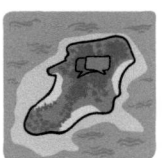

isla

île

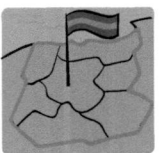

nacion

nation

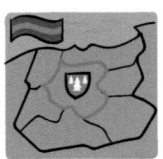

estado

état

holoshi analog

cadran

wijzer chikito

aiguille des heures

wijzer grandi

aiguille des minutes

wijzer di seconde

aiguille des secondes

Cuant'or tin?

Quelle heure est-il ?

dia

jour

tempo

temps

awor

maintenant

holoshi digital

montre digitale

minuut

minute

ora

heure

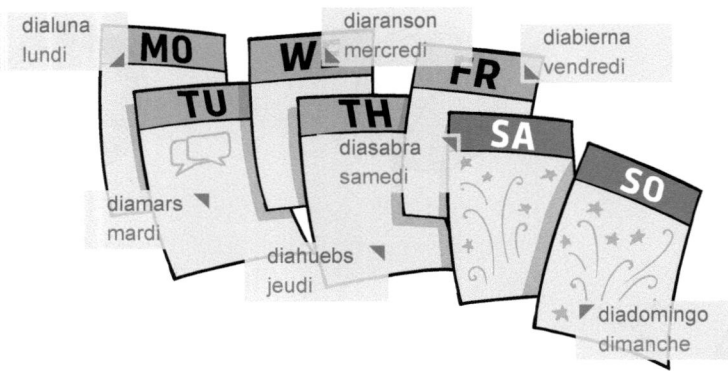

dialuna
lundi

diaranson
mercredi

diabierna
vendredi

diamars
mardi

diahuebs
jeudi

diasabra
samedi

diadomingo
dimanche

ayera
hier

awe
aujourd'hui

mañan
demain

mainta
matin

merdia
midi

anochi
soir

MO	TU	WE	TH	FR	SA	SU
1	2	3	4	5	6	7
8	9	10	11	12	13	14
15	16	17	18	19	20	21
22	23	24	25	26	27	28
29	30	31	1	2	3	4

dia di trabou
jours ouvrables

MO	TU	WE	TH	FR	SA	SU
1	2	3	4	5	6	7
8	9	10	11	12	13	14
15	16	17	18	19	20	21
22	23	24	25	26	27	28
29	30	31	1	2	3	4

weekend
week-end

aña
année

awacero
pluie
arco iris
arc-en-ciel
sneeuw
neige
biento
vent
lente
printemps
herfst
automne
zomer
été
winter
hiver

4.APRIL 11°
5.APRIL 4°
6.APRIL 13°
7.APRIL 8°
8.APRIL 10°

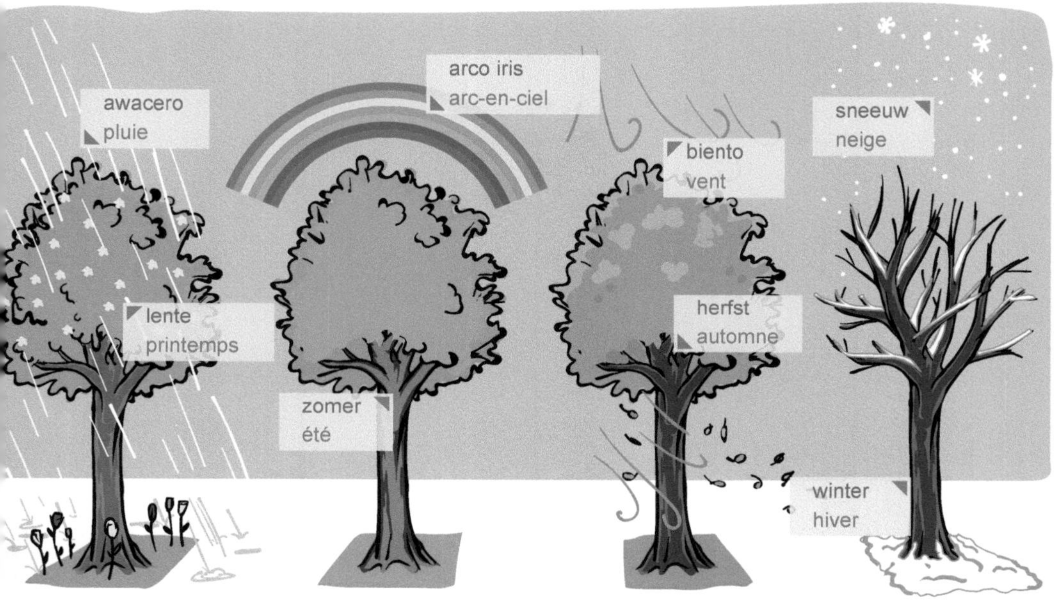

pronostico di tempo

météo

F
C
120
90
60
30
0
-30
40
30
20
10
0
-10
-20

thermometer

thermomètre

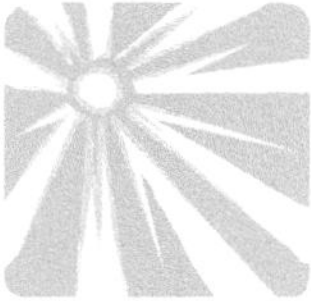

solo ta briya

lumière du soleil

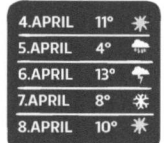

nubia

nuage

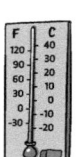

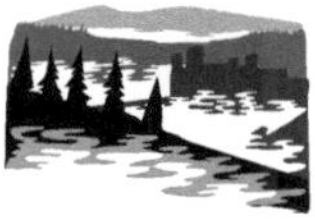

neblina

brouillard

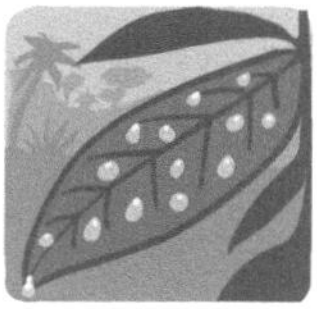

humedad

humidité

lamper

foudre

strena

tonnerre

mal tempo

tempête

hagel

grêle

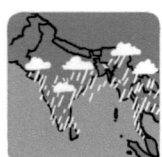

mal tempo

mousson

inundacion

inondation

ijs

glace

januari

janvier

februari

février

maart

mars

april

avril

mei

mai

juni

juin

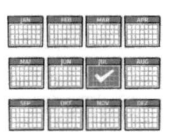

juli

juillet

augustus

août

september
....
septembre

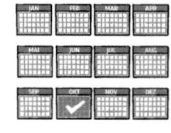

october
....
octobre

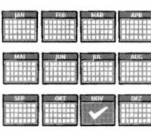

november
....
novembre

december
....
décembre

forma
formes

circulo
....
cercle

cuadra
....
carré

rectangulo
....
rectangle

triangulo
....
triangle

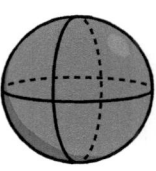

bol
....
sphère

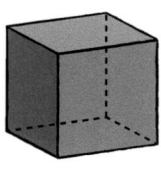

kubus
....
cube

blanco
....
blanc

geel
....
jaune

oraño
....
orange

ros
....
rose

cora
....
rouge

biña
....
violet

blauw
....
bleu

berde
....
vert

bruin
....
marron

shinishi
....
gris

preto
....
noir

hopi / tiki

beaucoup / peu

rabia / trankil

fâché / calme

bunita / mahos

joli / laid

comienso / final

début / fin

grandi / chikito

grand / petit

cla / scur

clair / obscure

ruman homber / ruman muhe

frère / soeur

limpi / sushi

propre / sale

completo / incompleto

complet / incomplet

dia / anochi

jour / nuit

morto / bibo

mort / vivant

hancho / smal

large / étroit

comibel / incomibel

comestible / incomestible

mal hende / bon hende

méchant / gentil

ansioso / ferfela bo mes

excité / ennuyé

gordo / flaco

gros / mince

prome / ultimo

premier / dernier

amigo / enemigo

ami / ennemi

yen / bashi

plein / vide

duro / moli

dur / souple

pisa / lihe

lourd / léger

hamber / sed

faim / soif

malo / saludabel

malade / sain

ilegal / legal

illégal / légal

inteligente / sabi

intelligent / stupide

robes / drechi

gauche / droite

cerca / leu

proche / loin

contrario - oppositions

nobo / uza

nouveau / usé

nada / algo

rien / quelque chose

bieu / jong

vieux / jeune

cendi / paga

marche / arrêt

habri / cera

ouvert / fermé

keto / duro

faible / fort

rico / pober

riche / pauvre

bon / fout

correct / incorrect

grof / liso

rugueux / lisse

tristo / contento

triste / heureux

cortico / largo

court / long

pocopoco / lihe

lent / rapide

muha / seco

mouillé / sec

cayente / friu

chaud / froid

guera / paz

guerre / paix

0

cero

zéro

1

un

un / une

2

dos

deux

3

tres

trois

4

cuater

quatre

5

cinco

cinq

6

seis

six

7

shete

sept

8

ocho

huit

9

nuebe

neuf

10

dies

dix

11

diesun

onze

12
diesdos
douze

13
diestres
treize

14
diescuatro
quatorze

15
diescinco
quinze

16
diesseis
seize

17
diesshete
dix-sept

18
diesocho
dix-huit

19
diesnuebe
dix-neuf

20
binti
vingt

100
shen
cent

1.000
mil
mille

1.000.000
miyon
million

Ingles

anglais

Ingles Mericano

anglais américain

Chines Mandarin

chinois mandarin

Hindi

hindi

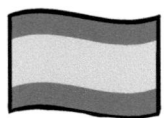

Spaño

espagnol

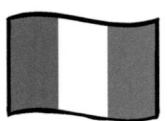

Frances

français

Arabe

arabe

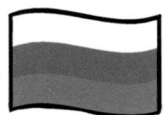

Ruso

russe

Portugues

portugais

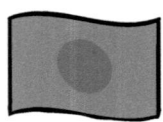

Bengal

bengali

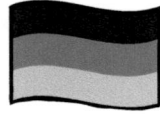

Aleman

allemand

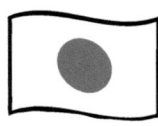

Hapones

japonais

ami
je

abo
tu

e
il / elle / ce, c', cela

nos
nous

boso
vous

nan
ils / elles

ken?
Qui ?

kico?
Quoi ?

con?
Comment ?

unda?
Où ?

ki ora?
Quand ?

nomber
nom

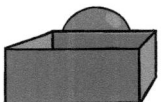

patras
....
derrière

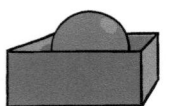

den
....
dans

dilanti di
....
devant

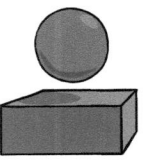

ariba
....
au-dessus

riba
....
sur

bou di
....
en-dessous

banda di
....
à côté de

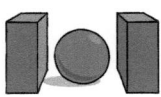

entre
....
entre

luga
....
lieu